Haubtstatt Coburg
Wappen
Berg
Der Eckersberg
Der Buchberg

COBURG

COBURG

Fotografie Norbert Klüglein
Text Hubert Fromm
Herausgegeben von Irmgard Clausen

Edition Braus

November 1992
Grafische Gestaltung: Doris Braus van Essen
Gesamtherstellung: Brausdruck GmbH Heidelberg
ISBN 3-89466-056-2

Coburg

Liebenswürdig und verträumt ist das Umland von Coburg, gezeichnet von beschwingten Linien, die das Spiel von Licht und Schatten harmonisch ordnen, in Senken verschwinden und wieder an Höhe gewinnen. Maßlose Dramatik ist dieser Landschaft fremd, sie trumpft nicht auf mit bizarren Schönheiten, sondern ist anmutig und einladend. Da findet man noch einen stillen Wiesengrund und, abgeschirmt von aller Welt, einen romantischen Schlupfwinkel. Das ist Balsam für die Seele.

Große Entfernungen gibt es hier nicht: ein Hupfer und man ist von einem Dorf im anderen. Schöne alte Fachwerkhäuser stehen dort und Gaststätten, die mit dem Hinweis auf ihre »gutbürgerliche Küche« hungrige Besucher zur Einkehr anlocken. Von einer Hügelkette zur nächsten ist es nicht weit. Da ein dichter Laubwald, dort ein paar Wiesen, ein Ackerstück dazwischen. Hügelan und hügelab alles wohl sortiert und gut aufgeräumt. Kleinräumig kariertes Bauernland eben, versonnen und heiter. Diese fränkische Landschaft ist so weich wie ihre Sprache, der harte Konsonanten ein Greuel sind. Mit der Gegend wird man sofort vertraut. Wenn sie klingen könnte, dann nur in Dur.

Weithin sichtbar beherrscht die Veste das Land. Fränkische Krone tituliert man sie; solch eine Bezeichnung ist nicht nur geschmeichelt, sondern durchaus zutreffend. Coburg liegt im Schatten seiner Burganlage, im Tal der Itz. Verwinkelte Gassen prägen die Altstadt. Der Krieg hat nur wenige Wunden im Stadtbild hinterlassen. Die unschönen Tupfer wurden in den Jahrzehnten nach 1945 vorzüglich saniert oder vom soliden und rechtschaffenen Ordnungssinn der Einheimischen in tadellosen Zustand gebracht.

Der Marktplatz ist ein Prachtstück, an den man schnell sein Herz verliert. Was drumherum steht, hat alte Tradition: Fassaden aus allen Epochen, die sich brüderlich aneinanderlehnen. Einen schroffen Widerpart zu dieser bürgerlichen Welt der Eintracht bildet das strenge Stadthaus, das einstmalige Regierungsgebäude der Herzöge, das die gesamte nördliche Front des Marktplatzes einnimmt. Und in der Mitte des Platzes steht Albert, ein Coburger Prinz, der an der Seite einer englischen Königin sein Leben verbrachte. Hier auf dem Marktplatz spürt man es: Coburg ist eine verwegene Mischung aus bodenständiger Geborgenheit und weltmännischem Flair. Daß sich zwischen diesen beiden Polen im Lauf der Geschichte auch manch Negatives angesammelt hat, wen wundert es. Zumeist ist es amüsant und deshalb erträglich.

Reinsten adeligen Lebensbereich betritt man auf dem Schloßplatz nur rund hundert Meter vom Markt entfernt. Theater und Schloß vereinen sich zu einem putzigen, reizvollen Ensemble, das angestrebte Größe und erzwungene Bescheidenheit zugleich widerspiegelt. Zeit und Muße über die Widersprüche der Stadt nachzudenken, findet man im Hofgarten, der sich jenseits des Schloßplatzes zur Veste hinaufzieht. Er ist ohne Zweifel die stimmungsreichste Grünanlage der Stadt. Man durchstreift weite Rasenflächen und schlendert an herrlichen Bäumen vorbei, die ungeordnet Spalier stehen. Oben angekommen schaut man zurück, hinweg über das Wipfelmeer des Hofgartens auf die Stadt, die sich sichelförmig um den Festungsberg schmiegt und schon längst die Randgemeinden aufgesogen hat. Das Auge braucht Zeit, um sich zurechtzufinden und die architektonischen Konturen zu identifizieren. Einige mächtige

Baukörper fallen auf: Morizkirche, Ehrenburg, die blauen Schieferhauben der Stadttore, der achtunggebietende Renaissancegiebel des Zeughauses. Wenn sich der Tag zu Ende neigt, ist der Blick auf die im Gegenlicht des Abendhimmels schimmernden Dächer der dichtgedrängten Häuser am schönsten.

An den Dezember- und Januartagen ist es auch tagsüber still auf der Veste. Weil man als jemand, der in dieser Stadt zu Hause ist, wieder einmal vergeblich auf die weiße Pracht wartet, schaut man dann nach Norden und Osten, um den Winter zu sehen. Dort glänzen an kalten, sonnigen Tagen die verschneiten Hänge des Thüringer Waldes; der Schnee bleibt bis in den Frühling hinein. Von Sehnen erfüllt blieb dieses Panorama jahrzehntelang, denn Thüringen war unerreichbar. Mit diesem Landesteil Deutschlands war Coburg schon immer eng verbunden. Die Geschichte der Stadt beginnt mit der Hinwendung nach Norden.

An Thüringen erinnert bereits die erste Siedlung im Tal. Sie trug den Namen Trufalistat, war die Stätte der Trufali. Und diese Trufali sind die Turfalen, also die Thüringer. Rätsel gab der genaue Standort auf, bis 1991 in der Nähe der Morizkirche ein Schläfenring gefunden wurde, den Historiker ins 9. Jahrhundert zurückdatieren. Sicher darf man nicht sein, ob der Schläfenring nun wirklich aus Trufalistat stammt, aber der Wunsch, daß es so wäre, übertönt allemal die Zweifler.

Eher beiläufig erscheint der Name Coburg 1056 erstmals in den geschichtlichen Quellen. In der sogenannten Brauweiler Chronik wird berichtet, daß die Polenkönigin Richeza dem Erzbischof von Köln das Land um Coburg geschenkt hat. In der Folgezeit ist von einer Kirche auf dem Berg Coburg die Rede. Über den Ausbau und die Veränderungen der Stadt im späten Mittelalter sind wir nur spärlich unterrichtet. Um 1250 wird ein Franziskanerkloster gegründet, außerdem lassen sich in der Stadt einige Dominikaner- und Benediktinermönche nieder. Aber sie bleiben ohne Einfluß. Coburg verschließt sich wie der gesamte oberfränkische Raum im Gegensatz zu Unterfranken der klösterlichen Besiedlung. Die Kirche hat es auch in den folgenden Jahrhunderten schwer, in die Herzen der Menschen zu dringen. Heiden seien wir, sagt am Ende des 20. Jahrhunderts mancher Kirchenmann und trägt's mit Humor.

Die Veste oben auf ihrem Berg, von Wällen und Gräben umgeben, mag zwar ein sicherer und sinnvoller mittelalterlicher Wohnsitz gewesen sein, aber Handel und Wandel gehen von ihr nicht aus. Unten in der Stadt mehrt sich der Reichtum, bedingt durch den Ausbau der großen Handelsstraße von Nürnberg nach Leipzig. Coburg wird zu einem nicht unbedeutenden Wirtschaftszentrum und Knotenpunkt im fränkisch-thüringischen Raum. Neue Märkte entstehen, der Stadt wird das Recht der Gerichtsbarkeit verliehen – Voraussetzungen für das Wachsen des Wohlstandes. Schöne Gebäude werden errichtet: das Münzmeisterhaus, der erste Fachwerkbau Coburgs aus dem 14. Jahrhundert; das Rosenau-Schlößchen aus dem Jahre 1435, ebenfalls von den Münzmeistern, dem Geschlecht derer von Rosenau, errichtet.

Aber auch die Bürger wollen den mit Fleiß und Tatkraft erworbenen Reichtum zeigen. Die auf das 13. Jahrhundert zurückgehende Stadtpfarrkirche St. Moriz bringen sie mit einem mächtigen Turm dem Himmel näher. So triumphiert Bürgerstolz über mittelalterliche Frömmigkeit. Und dennoch: die Grenzen dieser Baulust sind schnell erreicht. Der zweite Turm bleibt ein häßlicher Stumpf, und auch das Rathaus ist kein Bau aus einem Guß. Im 16. Jahrhundert wird es vergrößert. An der Ecke zur Ketschengasse wird ein Erker angebracht, der stilbildend wirkt und im Laufe der Jahrhunderte im

Stadtgebiet immer wieder Nachahmer findet. Als »Coburger Erker« findet er Eingang im Lexikon kunstgeschichtlicher Begriffe. Ein typisches Kennzeichen ist der Pfeiler, aus dem der Erker zweigeschossig emporwächst.

Während der Glaubenskriege wüten die Hussiten im ostfränkischen Raum, bis nach Coburg dringen sie nicht vor. Auch von den Wirren des Bauernkrieges bleibt die Stadt weitestgehend verschont. Für kurze Zeit müssen die Ritter auf der Veste Schutz suchen, dann bricht der Aufstand der Bauern zusammen.

Den in der Stadt lebenden Juden wird Ende des 15. Jahrhunderts der Aufenthalt in Coburg verboten. An die mittelalterliche Gemeinde erinnern mehrere Straßennamen sowie der Coburg-Pentateuch, eine reich illuminierte hebräische Handschrift. Um 1395 dürfte sie entstanden sein und wird heute im Britischen Museum in London aufbewahrt. Ein dargestelltes Gebäude in dieser Schrift ist vermutlich die erste Abbildung der Veste. Trotz all der Wirren ist die Stadt jener Tage wahrscheinlich sogar hübsch zu nennen. Mit vier Kirchen, einem stattlichen Kaufhaus am Markt, einem kleinen Rathaus und der Stadtmauer mit ihren vielen Türmen liegt sie breit und behäbig in dem fruchtbaren Itztal.

Die ersten Herrscher von Coburg sind die Meranier. 1265 werden sie von den Hennebergern abgelöst, bevor das Gebiet 1353 an die Markgrafschaft Meißen kommt. Schließlich ist Coburg ab 1423 Teil des Kurfürstentums Sachsen. 1485 kommt es zur Landesteilung zwischen den Brüdern Ernst und Albrecht aus dem Geschlecht der Wettiner. Coburg wird ernestinisches Land. Jahre später wählt zum ersten Mal ein Herzog, Johann der Beständige, die Veste zur Residenz. Künstler treffen in Coburg ein wie Lucas Cranach d. Ä., berühmte Persönlichkeiten wie Martin Luther. Dieser bezieht 1530 auf der Veste Quartier. Der Reformator übersetzt Teile des Alten Testaments, schreibt über 100 Briefe, aber bereits nach 166 Tagen verläßt er Coburg wieder. Noch heute zeugt das Luther-Zimmer vom Aufenthalt des Reformators auf der Veste.

Jedes Jahr das gleiche Ritual: Schüler des Gymnasiums Casimirianum, voran ein Klassenprimus, besteigen eine Leiter und bekränzen das Haupt ihres Schulgründers, dessen Statue in luftiger Höhe an der Außenwand angebracht ist. Herzog Johann Casimir (1564–1633) trägt die militärische Tracht seiner Zeit, die rechte Hand hält den Regentenstab, die Linke umfaßt den Griff des Degens. Ein trinkfester Herrscher soll er gewesen sein, nichts Außergewöhnliches bestimmt. Selbst seinen Schülern gönnt er die tägliche Maß Bier, so steht es in der Schulordnung. Aber Casimir ist ein Herrscher, der über die Lustbarkeiten des Lebens hinaus sein Amt ernst nimmt und den Grundstein legt für das Ansehen Coburgs als unverwechselbare Residenzstadt.

Mit der Schule will Casimir die Gelehrsamkeit in seinem Herzogtum fördern und Fachleute ausbilden, die er für seine Verwaltung benötigt. Ursprünglich sollte es sogar eine Universität werden, aber für derartig ehrgeizige Pläne ist die herzogliche Schatulle zu klein. Aber immerhin: das Gymnasium wird ein stattliches Bauwerk, errichtet zwischen 1601–1604 von Nikolaus Bergner und Peter Sengelaub. Die Schule wird weit über Coburg hinaus bekannt. Aus der Fremde kommen Studierwillige hierher, um im kleinen Kreis ungestört ihre Kenntnisse zu erweitern. Selbst Goethes Vater drückt im Casimirianum die Schulbank, in »Dichtung und Wahrheit« schreibt der Klassiker über ihn: »Er hatte seine Jugend auf dem Koburger Gymnasium zugebracht, welches unter den deutschen Lehranstalten eine der ersten Stellen einnahm.«

Dem Gymnasium gegenüber liegt die Morizkirche. Das von den Bürgern der Stadt gebaute Gotteshaus macht Casimir zu einer Residenzkirche. Er läßt sich einen Fürstenstand einrichten und bestimmt den Chorraum der Kirche zum Begräbnisplatz seiner Eltern. Das aus diesem Anlaß erbaute Epitaph ist mit seinen zwölf Metern Höhe das wertvollste Schmuckstück der Kirche.

In der Stadtmitte entsteht, hochaufragend und noch heute die Silhouette der Stadt prägend, das Zeughaus, ein monumentaler, kraftstrotzender Bau mit kargem Dekor. Die wichtigste Baumaßnahme des Herzogs ist das Regierungsgebäude am Marktplatz, das die Maße mittelalterlich-bürgerlichen Bauens außer Kraft setzt. Es dominiert den Marktplatz, nimmt die gesamte Nordseite ein und wird so zum Symbol einer neuen Herrschergewalt, die ihre Überlegenheit augenfällig zur Schau stellt. Inzwischen verschwunden sind die römischen Helden, die Casimir an die Wände und Giebel malen läßt – auch das ein Ausdruck seines Machtwillens. Die von Herzog Johann Ernst 1543 begonnene Stadtresidenz Schloß Ehrenburg erhält unter Casimir einen Renaissanceflügel zur Steingasse hin. Und auf dem heutigen Schloßplatz wird ein inzwischen abgerissenes Ballhaus errichtet.

Wie bei jedem selbstgefälligen Herrscher gedeihen unter Herzog Casimir die Künste. Neben der Baukunst und der Bildhauerei erlebt die Malerei einen Aufschwung, erreicht aber, verglichen mit den bedeutenden Herrscherresidenzen dieser Zeit, nur eine bescheidene Qualität. Neben dem Freskenmaler Peter Sengelaub ist Wolfgang Birkner zu erwähnen, der Casimirs Hofmaler wird. In erster Linie hat er Portraits anzufertigen. Seine wertvollste Arbeit ist jedoch ein Jagdbuch, in dem auf 39 Blättern Szenen der herzoglichen Jagd dargestellt sind.

Von fürstlicher Wohnkultur und Jagdleidenschaft legt schließlich die 1632 vollendete Hornstube Zeugnis ab. Das Prunkzimmer war in der Ehrenburg untergebracht, heute kann es auf der Veste besichtigt werden. Das 9 x 7 Meter große und 3,50 Meter hohe Zimmer mit Wandvertäfelungen, zwei Türen und schwerer Kassettendecke ist in diesem Reichtum einzigartig in Deutschland. Bedeutung erlangt zeitweise sogar die Elfenbeindrechslerei, die Herzog Johann Casimir als ein Liebhaber und Förderer solcher Kunst vielleicht sogar selbst ausübte.

Zur Vervollständigung des musischen Hoflebens engagiert Casimir einen Hofkapellmeister. »Könnt ihr in Coburg auch Noten drucken?«, fragt der in Nürnberg wirkende Melchior Franck an, bevor er diese Aufgabe übernimmt und mit seiner Kapelle nach Coburg umzieht. Dem Tempo seiner Schaffenskraft ist die Coburger Druckerei nicht gewachsen; Melchior Franck, einer der führenden Tonkünstler des 17. Jahrhunderts in Deutschland, muß auch weiterhin in Nürnberg viele seiner Werke drucken lassen. Im 18. Jahrhundert völlig vergessen, ist seine Musik seit 1964 in Coburg wieder zu hören. In jenem Jahr wurde der Melchior-Franck-Kreis gegründet.

Trotz aller Bildungsanstrengungen durchdringt der Geist des Humanismus nicht alle Bereiche des Lebens. Der Hexenglaube spukt noch in Casimirs Kopf. Auf dem Marktplatz, wo Hexenverbrennungen stattfinden, werden aber auch Treibjagden veranstaltet. Bretterwände müssen dann die Zugänge zu den Gassen versperren. Ritterspiele, Vogelschießen und Komödienaufführungen befriedigen darüber hinaus die Schaulust der Bürger. Brot und Spiele in einer friedlichen Zeit. »Fried' ernährt, Unfried' verzehrt« lautet der Wahlspruch Casimirs. Bis 1632 kann er die Greueltaten des Dreißigjährigen Krieges vom Coburger Land fernhalten. Dann wird die Stadt geplündert, Schätze gehen verloren. Die Kunstblüte erlischt.

1633 stirbt Casimir. Trotz zweier Ehen gibt es keine Erben. Das Herzogtum fällt an den ebenfalls kinderlosen Bruder Johann Ernst von Sachsen-Eisenach. Nach dessen Tod wird der gesamte Besitz der fürstlichen Brüder unter die ernestinischen Häuser von Sachsen-Weimar und Sachsen-Altenburg aufgeteilt. Der casimirianische Staat scheint ausgelöscht, doch die Institution des Fürstentums Sachsen-Coburg bleibt erhalten.

Um im Luxus barocker Pracht zu schwelgen, fehlt den Coburger Fürsten die Finanzkraft. Eine Erbteilung nach der anderen läßt das Herzogtum schrumpfen, und da zudem Bodenschätze oder Manufakturen kaum vorhanden sind, nehmen die Schulden zu und die Macht ab. So geht es während der Regierungszeit von Herzog Franz Josias (1745–1764) in der Ehrenburg notgedrungen relativ einfach zu. Der Verschwendungssucht am Hof sind Grenzen gesetzt. Um einen weiteren Machtverlust zu verhindern, führt Herzog Franz Josias das Erstgeburtsrecht ein, das die künftige Thronfolge regelt. Von nun an hören die Landesteilungen auf. Mit Ausnahme des ältesten Sohnes sind die Nachgeborenen genötigt, ihr Leben selbst in die Hand zu nehmen.

Der jüngste Prinz, Friedrich Josias, wird Generalfeldmarschall unter habsburgischem Banner. Als österreichischer Rittmeister kämpft er für die Kaiserin Maria Theresia und zeichnet sich im siebenjährigen Krieg gegen Preußen aus, aber seine größte militärische Leistung steht ihm noch bevor: Unter seinem Kommando werden die nach Mitteleuropa vordringenden Türken mehrmals in die Flucht geschlagen. Prinz Friedrich Josias ist ein gemachter Mann. Aufgrund seiner Verdienste wird er mehrmals befördert. Als er 1795 den Dienst quittiert, ist er Reichsgeneralfeldmarschall, der letzte des »Heiligen Römischen Reiches Deutscher Nation«. Ein Jahr darauf bezieht er das neu erbaute Bürglaßschlößchen als Ruhesitz. Elf Jahre später sind seine Dienste noch einmal gefragt, nicht seiner militärischen Fähigkeiten, sondern seines weisen Verhandlungsgeschicks wegen. Napoleons Soldaten stehen vor den Toren, bereit, brandschatzend in die Stadt einzufallen. Prinz Friedrich Josias' Worte besänftigen die Franzosen, Coburg bleibt verschont. Ein Jahrhundert später erinnert sich die Einwohnerschaft dankbar an die Friedensmission des Reichsgeneralfeldmarschalls und errichtet hinter seinem Ruhesitz ein Denkmal.

Weil sich die finanziellen Verhältnisse auch unter der Regentschaft von Herzog Ernst Friedrich, der die Nachfolge von Franz Josias antritt, nicht bessern, entzieht der in Wien residierende Kaiser dem Coburger Herzog die Finanzhoheit. Über die Kasse des Herzogs wachen fremde Augen. Nicht ganz unschuldig an der Misere dürfte die Herzogin Sophie Antoinette gewesen sein, die einen Mann zur Seite hat, der nicht in der Lage ist, ihr einen Wunsch zu versagen. So bilden die zwei durchaus ein Fürstenpaar der ausgehenden Barockzeit, wenn auch vom Absolutismus, wie er an den großen Adelshöfen herrscht, nichts zu spüren ist. Hier pflegt man eher familiär-biedermeierliche Formen, und das Hofleben beschränkt sich weitgehend auf das Schloß Ehrenburg.

1799 übernimmt Herzog Franz Friedrich Anton die Herrschaft und damit auch die Schulden in Höhe von mehr als einer Million Talern. Im Heiligen Römischen Reich Deutscher Nation ist er einer unter vielen armen, ohnmächtigen Fürsten. Seine Größe mißt er nicht in Soldaten und Kanonen, sondern in Werken der Kunst und Kultur. Sparsamkeit bleibt eine unbekannte Tugend. Das Geld, welches man nicht besitzt, gibt man auch weiter aus. Der Herzog legt als Kunstliebhaber und eifriger Sammler den Grundstock für das Kupferstichkabinett auf der Veste. Fleißig ist Franz Friedrich Anton auch auf einem anderen Gebiet: Er setzt mit seiner Gattin elf Kinder in die Welt, die den Bekanntheitsgrad Coburgs in Europa steigern.

Allerdings sind Kunst und Kinder das ganze Kapital. Um sich der Bevormundung durch die kaiserliche Schuldenkommission zu entledigen, holt der Herzog einen Experten nach Coburg: Theodor Konrad Kretschmann. Ihm wird keine geringere Aufgabe gestellt, als die Löcher in der Kasse zu stopfen. Er soll zugleich die Staatseinnahmen erhöhen und den Gewerbefleiß fördern. Kretschmann macht sich sofort ans Werk. Er hebt die Getränkesteuer an, verbessert die Verwaltung und die Polizeiorganisation und führt eine Brandversicherung ein. Als er die Häuser der Stadt numerieren will, platzt den Coburgern der Kragen. Kretschmann ist gezwungen, sächsische Dragoner einzusetzen, um sein Vorhaben durchführen zu können. Zwar gelingt es ihm, der Finanzverwaltung den Anstrich moderner Ministerialbürokratie zu verleihen, aber wie jeder Finanzminister ist er unbeliebt. Schließlich wird er sogar verdächtigt, sich selbst bereichert zu haben. 1807 resigniert er und erklärt seinen Rücktritt – da hat Herzog Antons ältester Sohn Ernst bereits die Herrschaft übernommen.

Ernst I. tritt in unruhigen Zeiten sein Amt an. Napoleon schlägt alle, die sich ihm in den Weg stellen. 1805 bei Austerlitz Österreich und Rußland, ein Jahr später steht seine Armee vor den Toren Coburgs. Erst nachdem Ernst, der sich im Lager der Preußen befindet, nach Coburg zurückgekehrt ist und Napoleon Gefolgschaft leistet, kann man aufatmen. Ein Bewunderer des Kaisers wird der Coburger Herrscher nicht.

Vom französischen Kaiser erhofft sich Ernst I. territoriale Zugeständnisse, er fährt nach Paris, doch seine ganze Ausbeute bleibt eine Romanze, die ihm später noch manchen Kummer bereitet. Die Hoffnung auf ein Großherzogtum bleibt ein schöner Traum. Zu Hause bleibt Ernst während der Herrschaft Napoleons wenig zu tun. Die bescheidenen Verhältnisse in seinem Land bieten keine Gelegenheit zur Mitsprache in der deutschen und europäischen Politik. Rund 500 Coburger Soldaten müssen Napoleons »Grande Armée« verstärken, die 1812 nach Moskau aufbricht. Kaum einer kehrt zurück. Ein Jahr darauf wechselt Ernst I. als erster Fürst des Rheinbundes die Fahnen und übernimmt sogar ein Kommando innerhalb der alliierten Armee. Als 1815 die Schlacht von Waterloo geschlagen ist, tanzt man auf dem Wiener Kongreß, auch Ernst ist dabei. Er und Metternich werden Freunde. Die Restauration setzt ein.

Ernst kommt jedoch nicht umhin, 1821 seinem Herzogtum eine Verfassung zu geben und einen Landtag einzurichten, wodurch zum ersten Mal breite Bevölkerungsschichten ein Mitspracherecht erhalten. Das monarchische Prinzip allerdings bleibt unangetastet. Herzog Ernst unterbindet mit einer strengen Zensur jeglichen revolutionären Geist seiner Untertanen. Er bleibt ein selbstgefälliger Patriarch des ancien régime, in Worten und Werken.

Während Steuern das Volk bedrücken, steckt Ernst das Geld in den Ausbau der Ehrenburg. Kein geringerer als Karl Friedrich Schinkel wird beauftragt, sich am Umbau zu beteiligen. Klassische Geometrie und Symmetrie verbindet Schinkel mit Stilelementen der englischen Neugotik. Die Fassade erhält ein Netz dünner Lisenen. Wesentlich strenger wirkt das gegenüberliegende, den Schloßplatz auf der Nordseite abschließende Landestheater, das Ernst als Freund der Musen 1830 in Auftrag gibt. Ein spröder, spätklassizistischer Bau, dessen Fassade lediglich durch Rundbogenportale bzw. -fenster gegliedert ist. Im Innern aber entsteht eine unbeschwerte Rokokokulisse in zartesten Pastelltönen.

Und noch ein weiteres Bauvorhaben belastet die Kasse des Herzogtums: die Sommerresidenz, das Schloß Rosenau, bekommt ein neues attraktives Gewand.

Aufmerken soll die Welt und mit Bewunderung nach Coburg blicken, schließlich herrscht Ernst über ein Land, das durch seine Heiratspolitik mit mehreren europäischen Fürstenhöfen verbunden ist. Zudem hat sich sein Herrschaftsbereich ausgedehnt: Ernst regiert ein Doppelherzogtum. Seit 1826 gehört ihm auch das in Thüringen gelegene Herzogtum Gotha. Herzogtum Sachsen-Coburg und Gotha nennt es sich, zwei unverbundene Territorien mit je einer Residenzstadt.

Der aufwendige Repräsentationswille des Herrschers ruft im Landtag, wo man über das finanzielle Unvermögen des Kleinstaats bestens Bescheid weiß, kritische Stimmen hervor. Es sind daher hauptsächlich Schulden- und Etatfragen, die eine gedeihliche Zusammenarbeit zwischen dem Landesherrn und dem Landtag in den letzten Jahren der Regierungszeit Ernst I. nicht mehr aufkommen lassen.

Zu Beginn der vierziger Jahre belastet überdies ein Streit über die Zusammensetzung des Landtages das politische Klima, nachdem der Herzog willkürlich über Ein- und Absetzungen von Mitgliedern entschieden hat. In dieser Auseinandersetzung tritt dem autoritär regierenden Herzog mit Moriz Briegleb zum ersten Mal ein ernstzunehmender Wortführer des Landtages und des Bürgertums entgegen. 1843 läßt Ernst kurzerhand den Landtag auflösen und anordnen, »Briegleb auf das sorgfältigste überwachen zu lassen und der Veröffentlichung unwahrer und aufreizender Artikel in Betreff der hiesigen ständischen Angelegenheiten nach Möglichkeit vorzubeugen«. Außerdem wird Briegleb das passive und aktive Wahlrecht entzogen. In einem darauf folgenden Prozeß wirft Briegleb dem Herzog vor, gegen die Verfassungsgrundsätze verstoßen zu haben. Außerdem klagt er das Recht der Wahl durch die Mitbürger und Mitsprache in Angelegenheiten des Staates ein. Nur der Tod des unnachgiebigen Coburger Herrschers im Jahre 1844 bewahrt Briegleb vor dem Kerker.

Ernst II. ist aus anderem Holz geschnitzt als sein Vater. Er schwimmt nicht gegen den Strom, im Gegenteil, er wird zu einem aktiven Vertreter demokratischer und national-liberaler Bestrebungen. Den Geist der Restauration überwindet er mit der behutsamen Einführug demokratischer Neuerungen. Er kommt dem auf Mitsprache pochenden Bürgertum entgegen, indem er unmittelbar nach seinem Amtsantritt, 1844, die Öffentlichkeit der Landtagssitzungen einführt und die Verantwortlichkeit der Beamten bei der Verletzung der Verfassung festschreibt. 1846 teilt er dem Landtag mit, er wolle die konstitutionelle Staatsform einführen. Und als zwei Jahre später revolutionärer Geist die europäischen Hauptstädte in Unruhe versetzt und der Thron des Adels wackelt, ist Ernst auf der Seite der fortschrittlichen Kräfte zu finden. Moriz Briegleb wird rehabilitiert und in den Landtag gewählt; als Vorsitzender der Stadtverordnetenversammlung Coburgs entwirft er 1846 eine neue Stadtordnung. 1848 vertritt er das Herzogtum in der Frankfurter Nationalversammlung.

Ernst II. stellt sich hinter seine Bevölkerung, die von ihm im März 1848 Pressefreiheit und eine Volksvertretung fordert. Er gewährt sie und kündigt zudem eine »gleichmäßige Verteilung der Staatslasten« und die »Auflösung der Feudallasten« an. Im März 1848 teilt er seinen »geliebten Coburger Unterthanen« mit, daß er »als ein Mann von deutscher Gesinnung und durchdrungen von der wärmsten Vaterlandsliebe« die Mitglieder der Frankfurter Paulskirche unterstützen werde. Während der Revolutionsmonate plädiert er für die Einberufung eines deutschen Parlaments und das Erreichen der nationalen Einheit im Rahmen einer konstitutionellen Monarchie. Seine Bürger danken es ihm. Ausschreitungen und Krawalle finden in Coburg nicht statt. Das Jahr 1848 geht friedlich zur Neige.

Wie er sich ein Deutschland der Zukunft vorstellt, faßt er prägnant zusammen: »Deutschland soll ein mächtiges einiges Reich nach außen bilden, nach innen sollen die unbegrenztesten Freiheiten bestehen, der Wohlstand soll gehoben werden, alle Bevormundung und Leitung verschwinden, und der Arme und Reiche gleich gestützt und berücksichtigt werden.«

Kurzum: Ernst II. will – um es mit modernen Begriffen zu sagen – den liberalen Rechts- und Sozialstaat. Seine Reformvorschläge zeugen von einem aufklärerischen Glauben an die Vernunft aller beteiligten Seiten. Sein Ziel ist die föderalistische Struktur mit einer kräftigen, arbeitsfähigen Zentralgewalt, der ein Parlament zur Seite steht. Feste Normen sollen für die Parlamente der Mitgliedsstaaten gelten.

Schwärmerische Gedanken. Doch verliert der Idealist die realen Verhältnisse nicht aus den Augen. Ernst ist sich bewußt, daß ohne Preußen seine Ideen nicht zu verwirklichen sind. Zwangsläufig ist er nicht nur ein Anhänger und Förderer der Paulskirche, sondern auch ein Gefolgsmann Preußens.

Um der Frankfurter Nationalversammlung neuen Elan zu verleihen und den deutschen Einheitsgedanken populär zu machen, nimmt der Coburger als einziger Fürst am Bundeskrieg gegen Dänemark teil. Schleswig-Holstein, der Zankapfel, wird zur deutschen Sache erklärt. Mitte März 1849 zieht Ernst mit einem Truppenkontingent Richtung Norden, wo er am 5. April einen kuriosen Sieg feiert: Die beiden schlagkräftigen dänischen Schiffe werden beim versuchten Landungsmanöver von Uferbatterien zusammengeschossen. Dieser denkwürdige »Tag von Eckernförde« gibt der schon verloren geglaubten nationalen Sache noch einmal Auftrieb, kommen doch bei diesem Sieg alle Sehnsüchte auf einen Nenner: Reichsgedanken, Freiheit, Nation, Volksheer, Abwehr eines Feindes. Der Herzog wird zum Volkshelden gemacht und ist es auch gerne. Für einen Augenblick scheint einer Zentralgewalt, wie sie Ernst II. für einige Tage verkörpert, wirkliche Macht zuzuwachsen – aber Preußen und Österreich halten sich zurück.

Ende März 1849 wählt die Frankfurter Nationalversammlung König Friedrich Wilhelm IV. von Preußen zum deutschen Kaiser, doch der preußische König lehnt das Angebot der Kaiserwahl ab. Abfällig bezeichnet er die Krone als ein »Halsband der Revolution«, als »demokratisches Machwerk«.

Dem Ehrgeiz des Coburgers tut dies keinen Abbruch. Er will deutsche Geschichte schreiben. Aber hat er die Macht dazu? Gewiß, er hat den Rückhalt seines Bruders, des englischen Prinzgemahls Albert, und seines Onkels Leopold, der in Belgien auf dem Thron sitzt, aber das ist belanglos. So wird zwar sein Herzogtum so etwas wie die Keimzelle der nationalliberalen, kleindeutschen Bewegung, und die beiden Residenzstädte Coburg und Gotha Vororte der Reichsgründung. Sein Herzogtum baut Ernst II. zu einem Musterland demokratischer Gesinnung aus im Sinne eines maßvollen Liberalismus und eines gemäßigten Konstitutionalismus. Für Berlin will Ernst II. Vorbild sein, imponieren möchte er. Aber Preußen sieht ihn ihm nur den Ruhestörer.

In der nördlichen Residenzstadt Gotha versammeln sich im Juni 1849 Abgeordnete der inzwischen aufgelösten Frankfurter Nationalversammlung, um zu beraten, wie sie ihre Sache zum Erfolg führen können. Ernst II. ist Schirmherr und Gastgeber dieser Bewegung, aus der 1853 ein »Literarisch-politischer Verein« hervorgeht. Er gibt jenen Politikern

Asyl, die in Preußen Verfolgungen ausgesetzt sind. Zu Recht darf er von sich behaupten: »Meine Herzogtümer waren zu diesen Oasen der Wüste gerechnet worden, welche der literarischen Bedrängnis Schutz gewähren konnten, und nicht gering war die Zahl der Männer, welche sich hier einfanden und die politische Gastfreundschaft in Anspruch nahmen.« An erster Stelle ist hier der Schriftsteller Gustav Freytag zu nennen. Als ihm wegen seines Engagements in Preußen die Verhaftung droht, interveniert der Herzog und verleiht ihm das gothaische Staatsbürgerrecht.

Im Juni 1860 wird in Coburg das erste deutsche Turn- und Jugendfest unter dem Schutz von Ernst II. veranstaltet. Drei Monate später kommt der ein Jahr zuvor in Frankfurt gegründete Nationalverein nach Coburg und hält in der Reithalle seine erste Generalversammlung ab. Schriftführer ist der Coburger Sozialliberale Feodor Streit. Das Coburger Programm wiederholt die alten Forderungen: Bildung einer deutschen Zentralgewalt und Wahl eines deutschen Parlaments. 1862 wird in Coburg der Deutsche Sängerbund gegründet. Auch die Sänger halten die Idee der deutschen Einigung und die Forderung nach bürgerlichen Freiheiten wach. Coburg ist binnen zweier Jahre zum Schauplatz nationaler Einheitsbestrebungen geworden. Dem nimmermüden Ernst II. bringt es nicht mehr als den Zorn der konservativen Fürsten ein, die ihm vorwerfen, die Revolution zu fördern. Selbst der Prinzregent Wilhelm von Preußen, der spätere König und Kaiser Wilhelm I., dem der Nationalverein die Herrschaft über Deutschland anträgt, bleibt reserviert und bedeutet dem Coburger: »Wenn der Verein durch Wort und Tat zu Handlungen sich verleiten ließe, die Taten bezweckten, welche gegen meine Auffassung stritten, so würde ich mich allerdings berufen fühlen, gegen denselben einzuschreiten.«

Wichtige Gründungsdaten für die deutschen Turner und Sänger sind die Veranstaltungen in Coburg bis heute geblieben. Meilensteine auf dem Weg zur deutschen Einheit sind sie nicht. Von Coburg geht kein zündender Funke aus; was hier geschieht, findet keine Nachahmung. Enttäuschung und Pessimismus machen sich breit. Resignierend verläßt Ernst die politische Arena. Er bricht zu einer Expedition nach Afrika auf, begleitet von dem Reiseschriftsteller Friedrich Gerstäcker und dem Zoologen Alfred Brehm.

Sein Engagement ist abgeflaut. Den preußischen Obrigkeitsstaat in eine andere Richtung zu bewegen, dazu hat er nicht die Kraft. Auch auf Österreich, das er vom Verfall bedroht sieht, setzt er keine Hoffnung. Österreich und Preußen rüsten für den Krieg. Ernsts Vermittlungsbemühungen enden in der Sackgasse. Während des Krieges von 1866 steht er auf der Seite des mächtigen preußischen Nachbarn. Eine rechte Freude über den Blitzsieg will nicht aufkommen. Zum einen befriedigt ihn die kleindeutsche Lösung nicht, zum anderen sind die Fürsten im Norddeutschen Bund nicht mehr als geduldete, eigentlich schon dem Tod geweihte Vasallen Preußens.

1871 sieht man Ernst noch einmal im Rampenlicht der Weltgeschichte, in der Nähe des preußischen Königs, als dieser sich in Versailles zum Kaiser proklamieren läßt. 1893 stirbt Ernst II. Sein Ziel ist erreicht: die Einheit Deutschlands, aber mit gänzlich anderen Mitteln, als er sich das vorgestellt hat, und ohne Österreich. Die Einheit war nicht Sache des Volkes, sie ist auf dem Schlachtfeld entschieden worden. Dem Hauptakteur, den Ernst auf der politischen Bühne Deutschlands zu verkörpern dachte, war nur ein Statistendasein vergönnt. Die Starrolle, die ihm das Leben vorenthielt, spielte er im Theater. Dort übernahm er mitunter auch die Regie, komponierte außerdem Opern wie »Santa Chiara«, seine bekannteste, die Franz Liszt bei der Premiere 1854 dirigierte. Sie fand sogar den Weg nach Paris. Heute indes mag sie keiner mehr hören. –

Sie nennt ihn »my dearest angel«, »my all in all«, »my beloved one« und schwelgt stets in Superlativen, wenn sie von seiner Nachsicht und Güte spricht. Der Mann, dem diese Huldigungen gelten, hält es mit dem Wortschatz eines väterlichen, sorgenden Familienoberhaupts, der seine Gefühlte im Zaume hält. In Briefen ist sie sein »liebes teures Kind«, »seine liebe gute Kleine«. Das hört sich nüchtern, aber nicht minder herzlich an. Weder Tratsch noch Klatsch schmälern die Ehe zwischen der englischen Königin Victoria und ihrem Prinzgemahl Albert aus dem Hause Sachsen-Coburg-Gotha.

Unter seinem Namen kommen Jahr für Jahr in der Ehrenburg Historiker aus England und Deutschland zusammen, um zwei Tage lang aktuelle Forschungsergebnisse zum Verhältnis zwischen den beiden Ländern in der Vergangenheit und in der Gegenwart auszutauschen. Dabei gelten dem Heros der Coburger Heimatgeschichtler eher nur am Rande einige anerkennende Bemerkungen. Nur ein paar Schritte vom Tagungsort der Prinz-Albert-Gesellschaft entfernt steht sein Denkmal auf dem Marktplatz. Tauben umgurren sein Haupt. Duftschwaden der Coburger Bratwürste, die nur wenige Meter weiter gebraten werden, ziehen an ihm vorüber. Gleichviel, er hält seit 1865 mit stoischer Ruhe ein halb entrolltes Blatt mit einer Aufrißzeichnung für den Kristallpalast in London in der Hand. Er wurde für die »Große Ausstellung« gebaut, die 1851 in London stattfand und auf eine Idee des Coburger Prinzen zurückgeht.

Elf Jahre zuvor hat der 1819 auf Schloß Rosenau in unmittelbarer Nähe von Coburg geborene Albert, zweiter Sohn des Coburger Herzogs Ernst I., seine Cousine Victoria geheiratet. Im Alter von 21 Jahren kommt er nach England, wo ihm mit äußerster Skepsis begegnet wird: Ein Prinz aus einem solch kleinen Ländchen scheint der englischen Königin nicht angemessen. Und daß Albert Deutscher ist und mit ziemlich leeren Taschen in den Ehestand tritt, trägt nicht weniger zur Mißbilligung in der Öffentlichkeit bei.

Albert bleibt der unbeliebte Ausländer. Deutsche möge er nicht, schon gar nicht Coburger, bemerkt William Melbourne, Victorias erster Premierminister. So muß Albert sich selbst die Aufgaben stellen, die er mit deutscher Gründlichkeit erledigt. Er widmet sich dem Bau von Krankenhäusern, läßt Wohnungen für die Armen errichten, nimmt sich der Volksbildung an, entwirft einen modernen Lehrplan für die Universitäten, fördert die Industrie und die wissenschaftliche Viehzucht und kämpft gegen die Sklaverei.

Seinen Tatendrang stillt auch die »Grand Exhibition« nicht, deren Initiator er ist. Kunst, Wissenschaft und Industrie gehen auf der ersten internationalen Weltausstellung, als welche man sie im nachhinein bezeichnen kann und für die Joseph Paxton nach Alberts Idee den Kristallpalast errichtet, eine gelungene Symbiose ein. In dem gewagt konstruierten Glaspalast – 1936 fällt er einem Feuersturm zum Opfer – spiegelt sich Englands Größe wider. Der Bau wird gleichsam zum Sinnbild des Viktorianischen Zeitalters, das ohne Albert seinen weiteren Verlauf nimmt, denn der glücklichen Ehe ist kein Happy-End beschieden. »Ich bin mit Papieren überhäuft und kann mich kaum durchschlagen« schreibt er 1859. Der Coburger Prinz mutet sich zuviel zu. Er stirbt 1861 wohl eher an Arbeitsüberlastung denn an vermutetem Typhus.

Die Anerkennung, die ihm seine Wahlheimat verweigerte, jetzt bekommt er sie: Benjamin Disraeli, der als Premierminister aus nächster Nähe sah, wie Albert sich einsetzte, erläutert seinen Landsleuten, was sie verloren haben: »Wir haben mit Albert unseren Souverän begraben. Dieser deutsche Fürst hat England 21 Jahre lang mit einer Weisheit und Energie regiert, die keiner unserer Könige jemals bewiesen hat.« Vier Jahre nach seinem Tod läßt die untröstliche Victoria auf dem Coburger Marktplatz sein Standbild enthüllen, das sie der Stadt zum Geschenk gemacht hat.

Während in Alberts England der wirtschaftliche Fortschritt die Gesellschaft radikal umkrempelt, geht es in Coburg beschaulich zu. Anders als in England, wo sich in den Fabriken die Menschen unter barbarischen Bedingungen zu Tode rackern – 1845 erscheint Friedrich Engels' Buch über die »Lage der arbeitenden Klassen in England« –, hat man in Coburg keine Eile mit dem Bau von Fabrikschloten.

Hier schreibt keiner wie Charles Dickens düstere Romane über das Leben der Ärmsten. In den Stübchen der Coburger Gelehrten wird gedichtet und geschwärmt vom Gleichklang zwischen Natur und Mensch. Auf seinem Landsitz in Neuses, einem Stadtteil von Coburg, dichtet Friedrich Rückert zarteste Naturpoesie und preist Coburg als seine »kleine Freudenfrohburg«. Der in Schweinfurt 1788 geborene Dichter verbringt einen Großteil seines Lebens in Coburg, wo er 1866 stirbt. Als biedermeierlichen Romantiker ordnet ihn die Literaturwissenschaft ein, ein Urteil, das man in Coburg anläßlich seines 200. Geburtstages zu revidieren versuchte, indem man die Ironie und Satire seines Alterswerks hervorhob. Unumstritten ist Rückerts Leistung als Sprachforscher und Indogermanist. Seine Übersetzungen machten Deutschland mit der Dichtung des Morgenlandes vertraut. In der Weltpoesie vollzieht sich für Rückert die wahre Weltversöhnung. Eine kühne wie naive Utopie, auf deren Erfüllung die Menschheit bis heute vergebens wartet.

Da wäre Jean Paul, der von 1803 bis 1804 in Coburg wohnt. Wenn er, an den »Flegeljahren« arbeitend, in seinem Gartenhaus auf dem Adamiberg sitzt und über die Stadt hinweg zur Veste blickt, glaubt er, sich nicht nur in einem Eden zu befinden, sondern gleich in mehreren.

In den Mauern dieser Stadt geboren ist Friedrich Hofmann (1813–1866). Er ist nicht nur Dichter, Sprachwissenschaftler und Journalist, sondern vor allem Mitherausgeber der meistgelesenen Blätter seiner Zeit, der »Gartenlaube«. Diese erste deutsche Familienzeitung darf in keiner guten Stube fehlen; sie erreicht eine Auflage von 270000 Exemplaren. Zum Repertoire heutiger Mundartinterpreten gehören seine »Schlumperliedla«, die er unter dem Titel »Koborgher Quackbrünnla« herausbringt.

Trotz der kleinstädtischen Idylle und des provinziellen Alltags – das Herzogshaus macht Geschichte, indem es seine Söhne und Töchter in die Welt hinausschickt. Während England mit imperialistischem Hurra rund um den Globus an seinem Commonwealth baut, exportiert das Herzogshaus seine eigenen Kinder und erobert Thron um Thron. Als Albert 1840 in den Buckingham Palace in London einzieht, ist diese Heiratspolitik schon längst gang und gäbe.

Die erste Kutsche, die eine Coburger Prinzessin an einen großen Hof bringt, ist bereits 1795 unterwegs. Die spätere Herzogin Auguste, Großmutter Alberts, folgt einer Einladung der russischen Zarin Katharina I., die ihren Enkel verheiraten will. Um den Erfolg auch zu sichern, hat Auguste fast ihre gesamte Töchterschar – nur eine bleibt zu Hause – dabei, als sie nach einer zweimonatigen Reise in St. Petersburg eintrifft. Konstantin, Bruder des späteren Zaren Alexander I., sucht sich die jüngste der drei Coburger Prinzessinnen aus: seine Wahl fällt auf die 14jährige Prinzessin Juliane. Durch die Heirat, die ein Jahr später stattfindet, werden die beiden

Adelshäuser, der mächtige Zarenhof und das kleine Herzogtum, aneinandergebunden. Die freundschaftlichen Bande bleiben auch bestehen, als das Paar auseinandergeht. Die Coburger Herzogskinder sind durch diese Ehe hoffähig geworden. Eine äußerst erfolgreiche Heiratspolitik nimmt ihren Lauf. Coburger Prinzen, Prinzessinnen und deren Nachkommen heiraten sich in nahezu alle bedeutenden Herrscherhäuser Europas ein.

1816 heiratet der Onkel von Albert, Prinz Leopold, die britische Kronprinzessin. Das Liebesglück endet tragisch: Charlotte stirbt einen Tag nach der Totgeburt ihres ersten Kindes. Leopolds Traum, an der Seite einer Königin Karriere zu machen, ist zerstoben. Den griechischen Thron, den die Großmächte einige Jahre danach für ihn ausersehen haben, lehnt er ab, weil er mehr sein möchte, als eine ohnmächtige Figur auf deren Schachbrett. 1831 bietet sich ihm erneut eine Chance. Leopold soll erster König des neu entstandenen Staates Belgien werden. Er willigt ein. Der Staat wird dank der umsichtigen Diplomatie und Politik des 1865 verstorbenen Coburgers zu einem Muster für eine verfassungsgebende Monarchie.

Ein Enkel von Herzog Franz Friedrich Anton begründet 1836 durch seine Heirat mit der portugiesischen Königin Maria II. das bis 1910 regierende Haus Sachsen-Coburg-Braganza. Und schließlich erhält ein Urenkel des Ahnherrn Franz Friedrich Anton als Zar Ferdinand I. die bulgarische Krone. Nach seiner erzwungenen Abdankung im Jahre 1917 kehrt er in seine Heimat zurück und lebt bis zu seinem Tode in Coburg im Bürglaßschlößchen.

Auf dem Kalenderblatt steht der 11. November 1918, ein Montag, der verhältnismäßig ruhig verläuft. Nahezu ohne Gegenwehr dringen die Mitglieder des Arbeiter- und Soldatenrates in die Ehrenburg ein. Sie stürmen zu einem der Balkone und verkünden den Menschen auf dem Schloßplatz die Ideale der Revolution. Aber kein Coburger Sozialdemokrat hält die Ansprache, sondern ein Räte-Mitglied aus Gotha. Er liest die Kriegsartikel des Arbeiter- und Soldatenrats vor, die weit friedlicher klingen als ihr Name vermuten läßt. Unter anderem ruft er der Menge zu: »Ziel ist der Aufbau und Zusammenhalt alles dessen, was den Lebensinteressen der Bevölkerung dient.« Schließlich vergißt er nicht zu erwähnen: »Die revolutionären Arbeiter und Soldaten sind keine Spitzbuben und Räuber, sondern ehrliche, pflichtbewußte Menschen.« Gemeinsam werden sozialistische Loblieder angestimmt. Man läßt die Revolution hochleben und die Freiheit des deutschen Volkes. Ermahnungen zur Friedfertigkeit folgen. Ruhe und Ordnung sollen aufrechterhalten werden.

Coburg bietet keinen Nährboden für die Revolution. In der nördlichen Schwesterstadt Gotha droht die Welt aus den Fugen zu geraten. Dort wehen von allen Häusern die roten Fahnen. In Coburg beläßt man es dabei, die öffentlichen Gebäude mit der Farbe der Revolution zu schmücken. Der Übergang von einem Zeitalter ins nächste vollzieht sich friedlich. Die Welt bleibt halbwegs heil.

Radikalismus liegt den Coburger Sozialdemokraten fern. Wie hätte er sich auch ausprägen können, wo doch die industrielle Entwicklung nur schleppend voranging und die großen Arbeitermassen fehlen. Doch Armut und Unzufriedenheit unter der Bevölkerung bescheren den Sozialdemokraten eine ansehnliche Anhängerschaft. Ihre Tradition reicht weit ins 19. Jahrhundert zurück. Schon am Anfang steht ein Mann, der um Integration bemüht ist und die Arbeiterbewegung in die Bahnen der bürgerlichen Demokratie lenken will: Feodor Streit (1820–1904).

Streit ist ein engagierter Kämpfer und Publizist im Namen der Demokratie. Er ist Mitbegründer des Arbeiterfortbildungsvereins im Jahre 1862. Unmittelbar darauf bringt er die »Allgemeine Deutsche Arbeiter-Zeitung« heraus, eine der ersten Arbeiterzeitungen Deutschlands. 1868 schließen sich Coburgs Sozialisten gegen den Willen Streits dem von August Bebel und Wilhelm Liebknecht propagierten Konzept der Gründung einer eigenen sozialdemokratischen Partei an.

Streit zieht sich zurück. Die Sozialistengesetze bremsen den Aufschwung der Sozialdemokratie; erst 1909 gelingt es der SPD des Coburger Raums, einen Kandidaten in den Reichstag zu bringen. Drei Jahre später wird eine eigene Tageszeitung herausgegeben, das sozialdemokratische »Volksblatt«. Am 11. November 1918 wendet sich diese Zeitung auf der ersten Seite mit dem Gebot an die Bevölkerung: »Wahrt die Ruhe und Besonnenheit!« Diese Devise macht sich der eben gegründete provisorische Arbeiter- und Soldatenrat zu eigen, der nicht aus feurigen Hitzköpfen besteht, sondern aus lauter honorigen Leuten, aus Sozialdemokraten von altem Schrot und Korn und aus Vertretern des Militärs, die von vorne herein nicht an tabula rasa denken. Mit dem Rücktritt des Herzogs Carl Eduard am 14. November ist das Herzogtum ausgelöscht; damit endet auch die staatsrechtliche Verbindung zwischen Gotha und Coburg.

Da die auf monarchischen Prinzipien beruhende und in hierarchischen Traditionen geordnete Verwaltung unangetastet bleibt – die Räte bitten sogar den ersten Minister des Herzogs im Amt zu bleiben –, sinken die Revolutionsorgane zu relativer Bedeutungslosigkeit herab und sind nur mehr ein Bindeglied zwischen Bevölkerung und Verwaltung. Im Februar 1919 ziehen dann die Wahlen einen endgültigen Schlußstrich unter die revolutionäre Phase. Die SPD erringt die absolute Mehrheit, der Arbeiter- und Soldatenrat wird aufgelöst.

Im November 1919 steht Coburg vor einer Schicksalsfrage. Wohin soll man sich wenden, nach Bayern oder nach Thüringen? Die Wahl wird zu einer »Magenfrage«. In Thüringen sind nicht nur die Lebensmittel knapp, hier tendiert man den Coburgern auch zu sehr nach links. Fast 90 Prozent der Bevölkerung entscheiden sich daher für den Anschluß an Bayern.

Ruhe kehrt dadurch ins öffentliche Leben der Stadt nicht ein. Zusammenstöße zwischen linken und rechten Gruppierungen polarisieren das politische Leben und eskalieren 1922 im »Deutschen Tag«, zu dem rechte Verbände aus dem gesamten Reich nach Coburg kommen. Adolf Hitler, bisher nur in München für Unruhe sorgend, wird eingeladen und packt die Gelegenheit beim Schopf. Mit einem Sonderzug und einer Mannschaft von nahezu 800 Nazifreunden trifft er am 14. Oktober in Coburg ein und marschiert durch die Straßen der Stadt, wo Kommunisten und Sozialdemokraten mißmutig Spalier stehen. Die Wortgefechte münden in Schlägereien, bei denen sich Hitlers Leute durchsetzen. Für den späteren Diktator ein Anlaß, das Treffen in seinem Buch »Mein Kampf« zu verherrlichen: »Die Bedeutung dieses Tages konnte in seinen Folgen zunächst gar nicht voll eingeschätzt werden. Nicht nur, daß die sieghafte SA in ihrem Selbstvertrauen und im Glauben an die Richtigkeit ihrer Führung außerordentlich gehoben wurde, begann auch die Umwelt sich mit uns eingehender zu beschäftigen und viele erkannten zum ersten Male in der nationalsozialistischen Bewegung die Institution, die aller Wahrscheinlichkeit nach dereinst berufen sein wird, dem marxistischen Wahnsinn ein entsprechendes Ende zu bereiten.«

Coburg, vom 19. Jahrhundert her mit einer starken nationalen Tradition befrachtet, ist unversehens Schauplatz schlimmster national-chauvinistischer Aktionen geworden, die historische Bedeutung erlangen. Freilich läßt sich von den Oktoberereignissen 1922 keine Brücke zum 19. Jahrhundert schlagen, wenn auch die Rechten unter Hinweis auf Coburgs nationale Vergangenheit die Verlegung des »Deutschen Tages« nach Coburg zustande gebracht haben.

Der Aufstieg der NSDAP – in Coburg vollzieht er sich steiler und schneller als anderswo. Mitte der zwanziger Jahre erscheint hier die erste deutsche Tageszeitung der Nationalsozialisten. Coburg wird 1929 die erste Stadt mit einer nationalsozialistischen Mehrheit im Stadtrat. »The first Nazi-Town« kommentieren englische Wissenschaftler ein Buch über Coburg, das 1988 in Großbritannien erschienen ist.

Wer besonders unter dieser Entwicklung zu leiden hat, sind die Juden. Mehr als 300 Personen zählt die jüdische Gemeinde in den zwanziger Jahren. 1932 verbieten ihnen die Nazis, weiterhin in der seit 1873 als Synagoge genutzten St.-Nikolaus-Kapelle ihren Gottesdienst abzuhalten. Schreckliches und Abscheuliches passiert genug während des Tausendjährigen Reiches. 37 Juden werden von Coburg aus deportiert. Drei Transporte bringen sie 1941 und 1942 in Konzentrationslager. Zwei Frauen überleben. Nach dem Krieg bildet sich keine Gemeinde mehr. Die Geschichte der Juden bleibt ohne Fortsetzung.

Ein 1951 stattfindender Prozeß um die Ausschreitungen im März und April 1933, bei denen Kommunisten, Sozialdemokraten und Juden wochenlang in der sogenannten Prügelstube im Rathaus gequält wurden, endet mit dem Urteilsspruch: »Coburg war der Auftakt zu all den Greueltaten des Naziregimes.« Danach schreckt jeder Stadtgeschichtler vor dem Thema zurück. Ein runder Gedenktag muß kommen, bis etwas geschieht. 1988 jährt sich die »Reichskristallnacht« zum 50. Male. Aber nicht von der Stadt gehen die Impulse aus, es ist die Evangelische Kirche, die die Aufarbeitung der Judenverfolgung in Coburg veranlaßt.

Daß Coburg eine besonders unrühmliche Rolle zufällt, ist auch auf das Verhalten des Herzogs zurückzuführen, der sich, seines Amtes ledig, keineswegs aus der Politik zurückzieht. Da Ernst II. keine Söhne hinterließ, war Carl Eduard, dem Enkel der englischen Königin Victoria, 1905 die Erbfolge zugefallen. Auf die Wiederkehr verlorenen Ruhmes hoffend, sucht er nach seiner Abdankung nach neuen Einflußmöglichkeiten und findet sie in monarchistischen, ultrakonservativen Gruppierungen, denen er wohlgesonnen gegenübersteht. Einer der rechten Putschisten, der ehemalige kaiserliche Marineoffizier Hermann Ehrhardt, Gründer des Freikorps »Brigade Ehrhardt«, der beim Kapp-Putsch im März 1920 eine entscheidende Rolle spielte, findet bei Carl Eduard auf Schloß Callenberg Unterschlupf. Daß der Herzog auf der äußersten rechten Seite steht, hat fatale Folgen. Ein großer Teil der Bevölkerung hält ihm nach wie vor die Treue, denkt und handelt wie er.

1922 tritt Carl Eduard mit Hitler in Verbindung. Seinen Nachholbedarf an deutscher und nationaler Gesinnung stillt er, der Engländer, im Dritten Reich in überdurchschnittlichem Maße. 1933 tritt er der Partei bei, bekleidet im NS-Kraftfahrer- und im NS-Fliegerkorps den Rang eines Obergruppenführers und ist Mitglied des Reichstags sowie Präsident des Deutschen Roten Kreuzes. Nach dem Krieg wird Carl Eduard für einige Zeit in ein Internierungslager eingewiesen, dann aber nur als Mitläufer verurteilt. 1946 erkennt ihm die Stadt die Ehrenbürgerrechte ab. Als er 1954 stirbt, wehen in Coburg die Fahnen auf Halbmast.

Hoflieferanten sind sie einstmals gewesen und sorgen dafür, daß dieser Ruf nicht verhallt. Was in katholischen Städten die Zier von Hausfassaden ist, Heiligen- und Madonnenstatuen, in Coburg ist es der Hinweis auf die Geschäftsbeziehungen zum Herzogshaus: Hofbäckerei, Hofschlachterei oder

Hofbuchhandlung nennt man sich nicht ohne Stolz und bietet den weltlichen Bedürfnissen reichlich Nahrung.

Coburg ist eine profane Stadt, eine Stadt der Renaissance. Das folgende barocke Zeitalter hinterläßt kaum Spuren, das 19. Jahrhundert um so mehr. Das Stadtbild wird um jene neugotischen Bauten bereichert, wie sie in dieser Geschlossenheit in keiner anderen deutschen Stadt anzutreffen sind.

Geradezu einen Boom löst die Gotisierung der Ehrenburg aus. Was Ernst I. beginnt, setzt der Sohn fort. Ab 1857 läßt er das alte Schloß Callenberg, den wenige Kilometer vor den Toren der Stadt gelegenen Stammsitz der Familie, im gleichen Stil renovieren. Für ihn wird auch das Schlößchen im Stadtteil Ketschendorf errichtet. Mit seinen zwei polygonalen Türmchen und dem weit ausladenden Zinnenkranz hat der kompakte, symmetrisch angelegte Baukörper das Aussehen eines düster-romantischen englischen Landsitzes und ist ein hervorragendes Beispiel der Neugotik. Entlang der alten Stadtmauer entstehen eine Reihe von Neubauten, die mittelalterliche Bauformen aufgreifen. Dieser von einem Grüngürtel begleitete neugotische Ring umgibt die Altstadt vom Ernstplatz ausgehend über Albertsplatz, Untere Anlage, Allee bis in die Rosenauer Straße hinein.

Der Historizismus greift auf andere Architekturepochen zurück. Schulen entstehen im lupenreinen Stil der Renaissance, wie die Rückert-Schule in der Löwenstraße. Andere Gebäude wiederum wie die Heiligkreuz-Schule erhalten eine Fassade mit der Ornamentik des Jugendstils. Ein traditionsbewußtes, wohlhabendes Bürgertum bemächtigt sich der grünen Hänge um die Altstadt. Im Bereich der Alexandrinen- und Marienstraße sowie am Festungsberg werden aufwendige Villen gebaut, zumeist reich gegliederte, hoch aufragende Häuser, an denen mit Erkern, Turmaufsätzen oder Ziergiebeln nicht gespart wird. Gelegentlich wird Fachwerk zur Belebung der Fassade eingesetzt. Hervorzuheben ist das Haus Alexandrinenstraße 4 mit reichem Jugendstildekor an der Fassade, deren Hauptakzent eine auf den Giebel stuckierte Sonne bildet. Einige Jugendstilhäuser sind verschwunden, übereifrigen Stadtplanern zum Opfer gefallen. Manches hat geschmerzt: der Abriß des Alexandrinenbades etwa oder das Ensemble von Jugendstilhäusern in Weichengereuth. Der Hofbräusaal in der Mohrenstraße, bis zum Bau des Kongreßhauses Coburgs einziger öffentlicher Festsaal, mußte einem Kaufhaus weichen.

Die moderne, sich am Bauhausstil anlehnende Architektur hält mit dem Postgebäude Einzug, einem Stahlskelettbau aus den zwanziger Jahren. Der Wohnungsnot nach dem Kriege – durch die Aufnahme von Flüchtlingen aus den deutschen Ostgebieten steigt binnen kurzem die Einwohnerzahl um 25 Prozent – wird mit einem zweckorientierten Funktionalismus begegnet. In den sechziger Jahren läßt man sich vom Schlagwort der »städtebaulichen Dominanten« in die Irre führen. In der Hindenburgstraße entstehen Hochhäuser, mit denen sich die Stadt großstädtisch gebärden möchte. Neben dem Abriß wird saniert und sorgfältig renoviert. Ein Verein entsteht, der sich diesem Zweck annimmt und dessen Arbeit vom größten Industriebetrieb für einige Jahre finanziell unterstützt wird. Das 1962 entstandene Coburger Kongreßhaus wird 1987/88 umgestaltet und präsentiert sich nun mit seinen filigranen Details in der kühlen Eleganz der Postmoderne. Optimal schließt sich der Pavillon des Kunstvereins an die Gartenlandschaft von Hofgarten und Kleinem Rosengarten an, ebenfalls ein Beispiel für die von der Postmoderne undogmatische Handhabung unterschiedlichster Formelemente.

Herzogtum – ein antiquierter Begriff? Abschaffen, sagen die einen, beibehalten die anderen. Mit dem »Herzogtum Coburg« wirbt das Fremdenverkehrsamt um Besucher, äußerst erfolgreich übrigens. Und es ist nun mal so: Was den Besucher heutzutage an musisch-kulturellen Attraktionen erwartet, ist zum überwiegenden Teil der Kulturbegeisterung der Herzöge gutzuschreiben. Die stärkste Anziehungskraft übt die Veste mit ihren Kunstsammlungen aus. Das Kupferstichkabinett gehört mit seinen 350000 Blatt zu den umfangreichsten Sammlungen dieser Art in Europa. Auch das Naturkundemuseum zu Füßen der Veste am Hofgarten geht nicht auf die Mitbringsel reisefreudiger Wissenschaftler aus dem Bürgertum zurück, sondern verdankt seine Existenz der Expeditions- und Abenteuerlust von Männern aus der Herzogsdynastie, insbesondere dem bulgarischen Zaren Ferdinand. Mit dreizehn Jahren war er bereits Mitglied der Deutschen Ornithologischen Gesellschaft. In Sofia, seiner Hauptstadt, legte er zoologische und botanische Gärten an. Intensiv widmete er sich nach dem Rücktritt seinem Hobby. In Coburg züchtete er seltene Vogelarten, um ihre Lebensgewohnheiten zu ergründen. Einen Ruf genoß er auch als Insektenkundler.

Wo der nach englischem Vorbild angelegte, sich weit in die Stadt hineinschiebende Hofgarten endet, preist das Ensemble der Bauwerke um den Schloßplatz ebenfalls den Kultursinn der Herzöge. Die Musiksparte stand im 19. Jahrhundert hoch im Kurs; die höchsten Besucherzahlen erzielt die leichte Muse auch in der Gegenwart. Wenn am Wochenende Oper und Operette auf dem Programm stehen, versucht man am Abend mitunter vergeblich eine Karte zu erwerben. Und wie in kaum einer anderen deutschen Theaterstadt löst das Musical Beifallsstürme aus. Das Drama rutscht da wohl oder übel in die zweite Reihe. Ohnehin befriedigt es vorwiegend den Lehrplan des Bayerischen Kultusministeriums, so daß die Schüler zu den eifrigsten Konsumenten des ernsten Spiels zählen, neben den Abonnenten selbstverständlich. Doch das Schauspiel stößt auch auf echtes Interesse. Mit Köpfen, denen keine Last zu schwer ist, hält diese Publikumsgruppe von den Rängen Ausschau nach der Darstellung eigener Konflikte und Lebensprobleme oder solcher, die noch bevorstehen – das ist einzig eine Frage des Lebensalters. Diese Theaterbesucher verlangen zudem nach Experimenten, nach Sozialkritik und nach Gegenwart. In der Reithalle, übrigens auch ein Bau der Herzöge, wird ihnen aufgetan.

Zu einer festen Einrichtung sind die Matineen geworden, die am Sonntagmorgen in der Reithalle stattfinden und Autoren, Komponisten und Stücken gewidmet sind, die im großen Haus zur Aufführung gelangen. Dabei bietet sich die Gelegenheit, Deutschstunden nachzuholen, die versäumt wurden, sei es aus Desinteresse oder weil der Lehrer ein schlechter Schauspieler war.

Keinesfalls ein lebloses Museumsstück ist die Ehrenburg. Nirgends ein prunkvollerer Rahmen für Festlichkeiten als der Riesensaal. Selbst der kleine Andromedasaal wird für Lesungen und Vorträge genutzt. Und nicht zuletzt beherbergt die Ehrenburg die Landesbibliothek, deren Grundstock auf den Wissensdurst der Herzöge zurückgeht. Unweit des Schloßplatzes hat der Kunstverein sein Domizil, womit man – es hat lange genug gedauert – dem herzoglichen Kulturschatz entronnen wäre. Hier pflegt man die evolutionäre Fortsetzung der Tradition, testet nur bisweilen, was dem Coburger Kunstfreund an Werken der Gegenwartskunst zuzumuten ist. Aus der Vielzahl der Ausstellungen ragt die der Emailkunst gewidmete Präsentation heraus, die 1981 zum ersten Mal veranstaltet wurde. Bei der 2. Internationalen Emailausstellung 1987 waren Werke von 250 Künstlern aus 29 Ländern vertreten, was den Schirmherrn, den bayerischen Kultusminister, dazu veranlaßte, Coburg die Rolle eines »europäischen Kulturzentrums im kleinen Format« zuzuweisen. Der Umbau 1987 wurde mit finanzieller Unterstützung der Bürgerschaft vorgenommen, die Spender sind auf einer Tafel an der Außenwand vermerkt. Bei der Einweihung wurde das Haus als ein wichtiger Beitrag für den Kulturring rund um den Hofgarten gewürdigt. Seitdem ist allerdings kein neues Glied hinzugekommen.

Eher zurückhaltend gibt sich die Stadt gegenüber musealen Aktivitäten. Vergeblich sucht man nach einem städtischen Museum, obwohl es das schon einmal gab, von 1905 bis Kriegsende im Rathaus untergebracht. Seitdem blieben alle Anläufe im Vorstadium stecken. Dem Zufall ist es zu verdanken, daß sich nunmehr doch die Schaffung eines Ausstellungsraumes ankündigt. Beim Bau des neuen Ämtergebäudes in unmittelbarer Nähe der Morizkirche stieß man auf alte Mauerreste sowie Gebrauchs- und Schmuckgegenstände aus dem Mittelalter, die auf Darstellung und Kommentierung warten. Der kleine Raum wird aber nur ein unbrauchbarer Ersatz für einen museumsähnlichen Bau sein, nach dem dringend verlangt wird. Der dritte, für 1993 geplante Coburger Glaspreis – die Tradition der Glassammlung auf der Veste fortführend – mußte verschoben werden, weil die Objekte nirgends unterzubringen sind. Bedarf meldet auch die »Historische Gesellschaft« an. Ihr Wunsch ist die Errichtung eines Geschichtshauses, in dem die innerdeutschen wie innereuropäischen Beziehungen der Stadt ausführlich ausgebreitet werden könnten. Von der Stadt werden solche Ideen als im Moment undurchführbar und nicht finanzierbar zurückgestellt.

Mittlerweile benutzen die Marketing-Experten Kunst und Kultur zur Imagepflege. Was in der Stadt läuft, soll sich auszahlen. So weit zurück liegen ja die Zeiten gar nicht, wo unter den publikumswirksamen Festen einzig das Vogelschießen der Erwähnung bedurfte. Jetzt reichen die Finger einer Hand nicht, um all die Treffen und Begegnungen aufzuzählen. Das spektakulärste fand 1992 erstmals statt und verbindet den Namen der Stadt mit einem weltberühmten Komponisten: mit Johann Strauß, dem Walzerkönig. Coburg, die einzige Johann-Strauß-Stadt auf bundesrepublikanischem Boden. Das ist kein Scherz, wenn es auch auf den ersten Augenblick unfaßbar erscheinen mag. Der Wiener Komponist starb als Bürger des Herzogtums, dessen Staatsbürgerschaft er 1887 angenommen hatte, um sich von seiner zweiten, ihm untreu gewordenen Frau scheiden lassen zu können, was in Coburg möglich wurde. Hier wohnte er 1887 allerdings nur wenige Monate; die Stadt behagte ihm nicht.

1987 tagte die Deutsche Johann-Strauß-Gesellschaft in Coburg und erinnerte an die 100. Wiederkehr der Einbürgerung. Ein Platz, an dem sein Wohnhaus vermutet wurde, erhielt den Namen des Komponisten samt einer Gedenktafel. Am 6. Januar 1988 fand das erste Neujahrskonzert im Kongreßhaus statt. Die Presse jubelte: »Nie hätten sich die einheimischen Straußfreunde vor einigen Jahren träumen lassen können, daß die Vestestadt vom Strauß-Fieber befallen ist und am Rosengarten das ›Wiener Blut‹ pulsiert.« Mittlerweile pulsiert es alljährlich am gleichen Tag; das Neujahrskonzert hat sich etabliert. Historiker mußten unterdessen eingestehen, einer falschen Fährte gefolgt zu sein. Nicht dort, wo man den Gedenkstein hinsetzte, wohnte Strauß, sondern in der Nähe des Rosengartens. Schnellstens wurde das Mißgeschick beseitigt und der Stein umgesetzt.

Ins 19. Jahrhundert zurück reicht auch die Tradition der Pfingsttreffen des Coburger Convents. Der Landsmannschafterverband wurde 1868 in Kassel gegründet und tagt seit 1873 in Coburg, nicht immer ohne Reibereien. Den Vorwurf des konservativen Nationalismus mußten sich in der Vergangenheit die Conventsmitglieder mit der auffälligen Tracht und den Mützen in den Farben ihrer Verbindungen gefallen lassen. Zapfenstreich und Fackelzug wurden als überholte Rituale chauvinistischer Eiferer gebrandmarkt. Da kam es dann schon vor, daß die Polizei im Vorfeld des Treffens das Denkmal im Hofgarten ständig im Auge behalten mußte, um Schmierereien zu verhindern. Mit der Wiedervereinigung haben sich die Wogen geglättet. Tumulte, bei denen die Polizei eingreifen mußte, gibt es nicht mehr. Nur noch vereinzelt waren Buhrufe und Pfiffe beim letzten Treffen 1992 zu hören. Und schon immer ein gänzlich von der Politik unbeeinträchtigter Tag war das abschließende Marktfest am Pfingstdienstag.

Feste. Während des Sommers wird man fast jedes Wochenende von Tschingderassabum und Tatütata beglückt. Schloßplatzfest, Burgfest, Rosengartenfest ... alles noch jung an Jahren. Zum zweiten Mal wurde 1992 die von der Wirtschaft unterstützte Jazz-Meile abgehalten. Kein avantgardistischer, nervenaufreibender Free Jazz ist es, der an zwei Tagen im August auf mehreren Bühnen in den Straßen der Innenstadt in die Luft geblasen wird. Richtig gemütlich und kuschelig ist die Musik statt dessen, zum Dasitzen und zum Davonträumen. Ein neues Straßenfest hat im Sommer 1992 seinen Einstand gefeiert: das Sambafestival. Südamerikanische Rhythmen, exotische Farbenpracht und tosender Trommelwirbel inmitten fränkisch-biederem Gemäuer. Wenn das keine Kontraste sind!

Nein, langweilig ist diese Stadt nicht, die für eine Großstadt zu klein und für eine Kleinstadt zu groß geraten ist. Themen gibt es, die machen monatelang die Runde, und Gerüchte, die haben längere und schnellere Beine als man denkt. Was ist passiert im Landestheater an jenen denkwürdigen Tagen im Juni 1991? Bereits der Auftakt war eine Premiere ganz ungewöhnlicher Art und ließ die lokalen Feuilletonisten außer Rand und Band geraten: »...die Balkone des altehrwürdigen Hauses erbebten und die Goldputten erröteten... Der Zuschauerraum bot ein ausgeflipptes Bild... Vom Teenie bis zum Greis waren alle voll aus dem Häuschen...« Die Freude über den Bombenerfolg der »Rocky Horror Show«, die endlich den Weg nach Coburg gefunden hatte, wurde jedoch bald getrübt. Dem ehemaligen Hoftheater war nämlich die jugendliche Ausgelassenheit, die auch an den folgenden Spieltagen anhielt, nicht bekommen. Zehn Tage nach der Premiere wurde die Öffentlichkeit unterrichtet, daß provisorische Stützkonstruktionen eingebaut werden müßten, ein Stuckornament hatte sich zwischenzeitlich gelöst. Eine Sofortmaßnahme sei erforderlich, die rund 10000 Mark kosten werde, drang aus den Tiefen des Theaters ins Freie. Eine Nachricht, die beim Coburger Theaterpublikum zwiespältige Reaktionen auslöste. Der »Theaterkreis«, ein Verein zur Unterstützung und Förderung des Landestheaters, sah die Sicherheit des Theaters bedroht. Man sorge sich um Leib und Leben, teilten die beiden Vorsitzenden über einen Leserbrief der Bevölkerung mit. Für ausflippende Jugendliche, die das Theater ruinieren würden, habe man kein Verständnis. Gegenreaktionen waren die Folge, Mißverständnisse griffen um sich, Stadträte verlangten Aufklärung, treue Abonnenten waren enttäuscht – Coburg hatte sein Sommertheater. Das Stück wurde abgesetzt und ein Jahr nach der Premiere noch einmal aufgeführt. Spielstätte war der Schloßplatz vor dem Landestheater. Rund 10000 Besucher kamen.

*

Solche Episoden gehören zum Charme Coburgs, sie sind die Taktstriche in einem Rhythmus, der mit der Grenzöffnung seine Gemächlichkeit abschüttelte. Die Stadt mußte plötzlich eine Rolle übernehmen, für deren Bewältigung die Instrumente der Vergangenheit nicht mehr ausreichten. Das wurde den Bewohnern der Stadt im November 1989 ganz deutlich vor Augen geführt, als dem anfänglichem Freudenrausch bald die Ernüchterung folgte.

Kaum mehr als zehn Kilometer vor den Toren der Stadt lag der Todesstreifen, der das Land unüberwindbar trennte. Als er von heute auf morgen seinen Schrecken verlor, war die Abgeschiedenheit, über Jahrzehnte lang beklagt und bejammert, passé. Coburg, so hört man es seitdem ohne Unterlaß aus dem Munde der Stadtväter und Wirtschaftsbosse, liegt jetzt mitten in Deutschland. Und wenn man großzügig ist, dann stimmt es ja auch.

Gewiß, es war kein plötzliches Erwachen aus einem Dornröschenschlaf. Subventionen und Fördermittel aufgrund der Rand- und Grenzlage sorgten für ein reges Wirtschaftsleben und drückten die Rate der Arbeitslosigkeit unter den bayerischen Durchschnitt. Aber die großen Zukunftsperspektiven fehlten; für Visionen war Coburg ein schlechtes Pflaster. Abseits der großen Verkehrsströme gelegen, hatte man sich mit dem zufrieden zu geben, was da war.

Auf einmal geht nicht mehr alles seinen Gang, braucht man Zukunftsgucker und -planer. Chancen tun sich auf, die verstreichen, sollten sie nicht genutzt werden. Die Wirtschaft, bekanntlich die Grundlage für alles, wird gar zum Steckenpferd des jungen Bürgermeisters aus den Reihen der SPD, der 1990 mit 32 Jahren sein Amt antritt und damit einen Generationswechsel an der Spitze der Stadt vollzieht. Unter seiner Führung wandelt sich die Verwaltung hin zum Management. Experten werden mehr denn je zu Rate gezogen. Über die Parteigrenzen hinweg herrscht Einigkeit im Stadtrat: Wenn wir nicht an einem Strang ziehen, werden wir auf der Strecke bleiben. Nur nicht den Anschluß verpassen, heißt die Devise in einer Zeit des raschen Wandels. Die Wirtschaft zieht mit, organisiert sich, entwickelt Konzepte, sponsert Veranstaltungen, hilft Vereinen, unterstützt Konzerte. In Coburg ist plötzlich allerhand los.

Nachdem Naturschützer seit Jahren den Autobahnanschluß in Richtung Süden verhindern, ist im Zuge der deutschen Einheit der Bau einer Autobahn nach Erfurt so gut wie perfekt. Geplant ist auch der Anschluß an das überregionale moderne Schienennetz. Ein neues Stadtviertel mit Gewerbeflächen und Wohnungen hat auf dem Reißbrett die ersten Hürden genommen. Die Stadt mit ihren 44 000 Einwohnern hat Zukunft, sie befindet sich im Aufschwung. In Coburg wachsen der Phantasie auf einmal Flügel.

Die Itz-Aue bei Coburg

The Itz Meadows near Coburg

La saulaie de l'Itz
près de Cobourg

Blick von der Veste Coburg auf die Stadt

The city as seen from Coburg Castle

Vue sur la ville depuis la forteresse (Veste) de Cobourg

Blick auf die Veste Coburg

View of Coburg Castle

Vue sur la forteresse (Veste) de Cobourg

Durch den Hofgarten führt der Weg von der Innenstadt hoch zur Veste. Der nach englischen Vorbildern angelegte Landschaftspark entstand im 19. Jahrhundert

Through the Court Gardens the way leads from the town's centre up to the Castle. The landscape park in the English style was built in the 19th century

Le chemin menant du centre-ville à la forteresse (Veste) traverse le «Hofgarten», un parc aménagé au 19 é siècle à l'image de ses prédécesseurs anglais

Der Stadtkern um den Marktplatz erscheint aus der Vogelperspektive als ein Mosaik aus steil aufragenden Dächern

The town centre around the Market Square from a bird's-eye perspective, giving it the look of a mosaic of steep roofs

Vu à vol d'oiseau, le centre-ville autour de la place du marché ressemble à une mosaïque de toits pointus

Coburgs erstes Gymnasium: Das Casimirianum, 1605 von seinem Gründer Herzog Johann Casimir der Bestimmung übergeben

Coburg's first "gymnasium": the Casimirianum, dedicated in 1605 by its founder, Duke Johann Casimir

Le lycée Casimir (Casimirianum), le premier de la ville, fut inauguré en 1605 par son fondateur, le duc Jean-Casimir

Fußgänger vor dem Zeughaus

Pedestrians in front of the Armory

Un piéton devant l'arsenal

Schauplatz Coburger Kommunalpolitik: Das Rathaus – ein Bau, der über Jahrhunderte hinweg Veränderungen erfuhr. Die letzte 1903, als der Balkon zum Marktplatz hin angefügt wurde

Zweimal in der Woche, mittwochs und samstags vormittags, ist auf dem Marktplatz alles zu haben, was die Natur bietet

Twice a week, on Wednesday and Saturday mornings, the Market Square is the source of everything nature has to offer

Le marché propose deux fois par semaine, le mercredi et le samedi, tout ce que la nature est en mesure de nous offrir

The scene of Coburg's municipal politics: Town Hall, a building which underwent changes over the centuries, the last of them in 1903, when the balcony over Market Square was added

La politique communale de Cobourg se joue ici: la mairie, un bâtiment qui subit de nombreuses transformations au cours des ans. La dernière, lors de laquelle un balcon fut ajouté du côté de la place du marché, date de 1903

Hinter dem Standbild von Prinz Albert auf dem Marktplatz ragt das Stadthaus im Stil der Spätrenaissance empor. Es diente den Herzögen als Verwaltungsgebäude. Seine schönste Zier sind die beiden Erker. Diese sogenannten »Coburger Erker« kann der Besucher überall in der Innenstadt entdecken. Zweigeschossig und polygonal wachsen sie aus einer Säule empor

Behind the statue of Prince Albert on Market Square stands the Civic Hall in the style of the late Renaissance. It served the dukes as administration building. Its most beautiful features are the two bay windows, called "Coburg bays", the likes of which the visitor can discover everywhere in the town's centre. They grow out of one column two stories high in polygonal shape

Derrière la statue du Prince Albert sur la place du marché se dresse l'hôtel de ville de style Renaissance finissante. Il servit de centre d'administration. Ses plus beaux ornements en sont les oriels d'angle. Ces oriels d'angle dits "de Cobourg" se retrouvent partout dans le centre-ville. Ces ornements polygonaux à deux étages s'élèvent à partir d'une colonne

Blick von der Ketschengasse
zum Marktplatz

View of Market Square from
Ketschengasse

Vue de la Ketschengasse vers la
place du marché

Die mittelalterliche Stadtbefestigung ist größtenteils erhalten geblieben.
Das Judentor ist eines der drei mächtigen Stadttore

The medieval fortification of the town is largely preserved. The Jews' Gate is one of the three mighty town gates

L'enceinte de la ville datant du moyen-âge est en grande partie conservée. La Judentor (la porte des juifs) est l'une des trois portes imposantes de la ville

Bunte Blütenpracht im Kleinen Rosengarten, der vom Hofgarten durch eine Mauer getrennt ist, die in Nachahmung mittelalterlicher Bauformen mit Türmen und Zinnen versehen ist

The splendour of colourful blossoms in the Small Rose Garden, which is separated from the Court Gardens by a wall which includes towers and battlements in imitation of medieval architectural forms

Un tapis de fleurs multicolores dans le «Rosengarten» séparé du Hofgarten par un mur garni de tours et de creneaux rappelant les formes d'architecture moyenâgeuses

Lange Zeit vernachlässigt, wird das Rosenau-Schlößchen am Rittersteich nach einer Renovierung seit einigen Jahren von der Stadtverwaltung genutzt. Das Geschlecht derer von Rosenau, die als Münzmeister zu Ansehen und Reichtum gekommen waren, ließ es 1435 errichten

Rosenau Palace on Knight's Pond, long neglected, has been in use for several years since its restoration by the municipal authorities. The Rosenau dynasty, which had come to fame and fortune as masters of the mint, had it built in 1435

Négligé pendant longtemps, le petit château «Rosenau» au Rittersteich (étang du chevalier) sert de centre d'administration depuis sa rénovation. Les Rosenau, maîtres-monnayeurs devenus riches et célèbres, le firent construire en 1435

Des entrückten Lebens auf der Veste überdrüssig, ließen sich die Herzöge in der Stadt eine Residenz bauen, mit der 1543 begonnen wurde. Aus dieser Zeit stammt der Renaissanceflügel von Schloß Ehrenburg zur Steingasse hin

Weary of life up at the Castle, the dukes had a residence built in the town, which was begun in 1543. From this period is the Renaissance wing of Ehrenburg Palace, in the direction of Steingasse

Dégoutés de la vie triste dans la forteresse, les ducs se firent construire une résidence dans la ville. On en commença les travaux en 1543. C'est de cette époque que date l'aile Renaissance du château d'Ehrenburg du côté de la Steingasse

Im ursprünglich als Waffenlager genutzten Zeughaus aus dem 17. Jahrhundert ist das Staatsarchiv untergebracht

In the erstwhile Armory of the 17th century the State Archives are located

L'arsenal du 17e siècle, servant autrefois d'entrepôt d'armes, abrite aujourd'hui les archives de la ville

Veste
HESLER
HERREN

Sanitätshaus am Markt
Sanitätshaus am Markt
Orthopädische Werkstatt
Sanitätshaus am Markt
Orthopädische Werkstatt
Hof-Apotheke

links: Erker an der Hofapotheke
rechts: Unter Herzog Ernst I. erhielt die Ehrenburg nach Plänen von Karl Friedrich Schinkel ihr neugotisches Gewand

left: bay window of the Court Apothecary's
right: under Duke Ernst I Ehrenburg Palace received its neo-Gothic appearance after plans by Karl Friedrich Schinkel

à gauche: Oriel d'angle de la «Hofapotheke»
à droite: C'est sous le duc Ernst 1er que le château d'Ehrenburg reçut son aspect gothique tardif d'après les plans de Karl Friedrich Schinkel

Ein gotisches Kleinod ist die Hofapotheke am Marktplatz

A Gothic gem is the Court Apothecary's on Market Square

La pharmacie «Hofapotheke» sur la place du marché est un petit joyau de l'art gothique

Der Gerberbrunnen

Tanners' Fountain

La fontaine du tanneur
(Gerberbrunnen)

Verwaltungsgebäude der HUK-Versicherung im Jugendstil

Administrative headquarters of the HUK Insurance Co. in the style of Art nouveau

Bâtiment administratif de la compagnie d'assurance HUK et exemple de style 1900

Schmale Bürgerhäuser in der Grafengasse

Slender burghers' houses in Grafengasse

Les maisons bourgeoises étroites de la Grafengasse

Das Bürgertum stellte um die Jahrhundertwende mit aufwendiger, schmuckreicher Architektur seinen Wohlstand augenfällig zur Schau. Häuser in der Mohrenstraße

The bourgeoisie showed off its wealth at the turn of the century with expensive, ornate architecture: houses on Mohrenstrasse

A la fin du siècle dernier la bourgeoisie se mit à étaler son aisance dans des architectures très ornées et élaborées. Maisons dans la Mohrenstrasse

Flohmarkt

Flea market

Le marché aux puces

Ein Paradies für Nostalgiker:
der Flohmarkt

A paradise for the nostalgic:
the flea market

Le marché aux puces: un
paradis pour les amateurs de
nostalgie

Das Epitaph in der Pfarrkirche St. Moriz (oben und unten) ließ Herzog Casimir für seine Eltern errichten. Der Taufstein (unten) im Chorraum stammt aus dem Jahre 1539

The gravestone in the Parish Church of St. Maurice (above and below) was built by Duke Casimir for his parents. The baptismal font in the choir (below) is of 1539

Le duc Casimir fit ériger cette épitaphe pour ses parents dans l'église paroissiale de St Moriz (en haut et en bas). Le baptistère dans le chœur (en bas) date de l'an 1539

Die Morizkirche ist das größte Gotteshaus der Stadt

The Church of St. Maurice is the greatest in town

L'église St Moriz est la plus grande de la ville

Die mit einem Stabwerk überzogene Schauseite der sich zum Schloßplatz hin öffnenden Ehrenburg

The presentable side of the Ehrenburg Palace opens onto Palace Square

Façade du château d'Ehrenburg s'ouvrant sur la Schloßplatz

Der Innenhof von Schloß Ehrenburg mit Trakten aus der Renaissance

The courtyard of Ehrenburg Palace with Renaissance wings

La cour intérieure du château d'Ehrenburg avec ses ailes Renaissance

Opulente Kulisse für feierliche Festlichkeiten: der Riesensaal. Seinen Namen erhielt er von den 28 Atlanten, die das mit reicher Stukkatur versehene Gebälk tragen. Quellende Lauf- und Blütengirlanden zerlegen die Decke in Blickfelder

An opulent backdrop for stately occasions: the Hall of Giants. It got its name from the 28 Atlases who support the ceiling with its rich plaster-of-paris decorations. Garlands of blossoms divide the ceiling up into separate fields

Coulisse opulente pour les festivités: la salle des géants. Elle doit son nom aux 28 atlantes qui supportent la charpente richement ornée de stucs. Des guirlandes de fleurs foisonnantes scindent le plafond en champs visuels

In der Ehrenburg

In Ehrenburg Palace

Dans le château d'Ehrenburg

Die englische Neugotik setzte im 19. Jahrhundert viele Akzente im Stadtbild. Ein Beispiel ist die katholische Kirche St. Augustin am Festungsberg

English neo-Gothic was prominent in the town's profile in the 19th century. An example is the Catholic Church of St. Augustine on the Castle hill

Le gothique nouveau anglais se propagea dans la ville au 19e siècle. L'église St Augustin près de la colline de la forteresse en est un exemple

In der spätmittelalterlichen Nikolaus-Kapelle hielt die jüdische Gemeinde der Stadt von 1873 bis 1932 ihre Gottesdienste ab. Heute wird die Kapelle von der Altkatholischen Gemeinde genutzt

In the late-medieval St. Nicholas Chapel the Jewish community of the town held its services from 1873 to 1932. Today the chapel is used by the Old Catholics

C'est dans la chapelle St Nicolas de la fin du moyen-âge que la communauté juive de la ville tint ses services religieux de 1873 à 1932. Aujourd'hui c'est la communauté vieille-catholique qui se sert de la chapelle

Blick auf die Ehrenburg vom
Hofgarten aus

View of Ehrenburg Palace from
the Court Gardens

Depuis le Hofgarten vue sur
l'Ehrenburg

Ernst I. steht im Mittelpunkt des Schloßplatzes. Seinem Sohn und Nachfolger Ernst II. wurde im Hofgarten ein Reiterstandbild gesetzt (Hintergrund)

Ernst I is at the mid-point of Palace Square. His son and successor Ernst II was given an equestrian statue in the Court Gardens (background)

Ernst 1er se tient au centre de la Schlossplatz. Une statue équestre fut érigée à son fils et successeur Ernst II dans le Hofgarten (arrière-plan)

Impressionen aus dem Hofgarten – Treffpunkt der Spazier- und Müßiggänger

Impressions from the Court Gardens – a meeting place for strollers and people enjoying free time

Impressions du Hofgarten – Lieu de rencontre des flaneurs et promeneurs

PRINZ
FRIEDRICH JOSIAS
FELDMARSCHALL

Das Hohe Haus auf der Veste entstand Ende des 14. Jahrhunderts als Zeughaus

The High House at the Castle was built at the end of the 14th century as an armory

La haute maison sur la forteresse date de la fin du 14e siècle. Elle servait d'arsenal

Durch das Prunkportal aus dem 16. Jahrhundert gelangt man in die Veste

Through the stately portal from the 16th century the way leads to the Castle

On pénètre dans la forteresse par le portail d'apparat du 16e siècle

Die prächtige Fachwerkfassade des Fürstenbaues beherrscht einen der beiden Burghöfe auf der Veste. Obwohl das Wohngebäude des Burgherrn seinen Ursprung in der Frühzeit der Festungsanlage hat, wurde das fränkische Fachwerk erst im Zuge von Renovierungsarbeiten zu Beginn dieses Jahrhunderts angebracht

The splendid half-timber façade of the Princes' Palace dominates one of the two courtyards of the Castle. Although the living quarters of the ruler go back to the early times of the Castle, the Franconian half-timber feature was not added until the revamping at the beginning of this century

La magnifique façade à colombage de la maison des princes (Fürstenbau) domine l'une des deux cours du château. Le corps de logis du châtelain date du début de la forteresse. Son colombage de style franc ne lui fut cependant ajouté qu'au cours des travaux de rénovation au début de ce siècle

1530 weilte der Reformator Martin Luther für ein halbes Jahr auf der Veste. Sein Zimmer ist zu besichtigen

In 1530, Martin Luther stayed at the Castle for half a year. His room may be visited

En 1530 le réformateur Martin Luther séjourna pendant 6 mois dans la forteresse. Son appartement peut être visité

Im Tal der Itz liegt Coburg, von Hügeln umgeben, die man Berge nennt: Blick vom Festungsberg auf die Stadt mit Marschberg und Judenberg im Hintergrund

Coburg is located in the Itz Valley, surrounded by hills which are called mountains: view from the Castle "Mountain" over the town, with the Marschberg and Judenberg in the background

Cobourg est situé dans la vallée de l'Itz et entourée de collines appelées «Berg» (mont). Depuis le «Festungsberg» vue sur la ville avec le «Marschberg» et le «Judenberg» à l'arrière-plan

Himmelsstürmende Giebel: Casimirianum (oben) und Stadthaus (unten)

Highflying gables: the Casimirianum (above) and Civic Hall (below)

Des frontons à l'assaut du ciel: le Casimirianum (en haut) et l'Hôtel de ville (en bas)

Der alljährliche Pfingstkongreß des Coburger Convents

The annual Whit Congress of the Coburg Student-association League

Le congrès de l'assemblée des associations d'étudiants de Cobourg se tient chaque année à la Pentecôte

WEKA

Kontraste: Bürogebäude aus der Gegenwart – Brauerei aus dem 19. Jahrhundert

Contrasts: an office building of the present – a 19th-century brewery

Contrasts: bureaux contemporains et brasserie du 19e siècle

Veste

Eine Oase zum Entspannen:
der Rosengarten

An oasis for relaxing:
the Rose Garden

Le Rosengarten:
oasis de détente

Das Kongreßhaus am Rosengarten. Seit der Wiedervereinigung ein begehrter Ort für Kongresse

The Congress House at the Rose Garden, much in demand for congresses since unification

La Kongresshaus dans le Rosengarten. C'est un lieu de congrès très recherché depuis la réunification des deux Allemagnes

Durch einen vielfältigen Spielplan, der Oper und Musical genauso einschließt wie Drama, Ballett und Sinfoniekonzerte, zeichnet sich das 1840 eröffnete Landestheater aus

The State Theater, opened in 1840, is renowned for its well-rounded repertoire, which includes opera and musical comedy along with drama, ballet and symphonic concerts

Le théâtre se caractérise par ses programmes de spectacles variés où l'opéra et le musical y ont leur place au même titre que le drame, le ballet et les concerts symphoniques

Ehrenburg, Schloßplatz

Ehrenburg Palace, Palace Square

l'Ehrenburg, la Schloßplatz

ERNST I

KING

Kein Fest ohne die weit über Coburg hinaus bekannten und begehrten Rostbratwürste

No celebration can do without the grilled sausages that are famed and coveted far beyond the city's confines

Pas de fête sans cette spécialité renommée et recherchée bien au delà de Cobourg: la saucisse grillée

Das traditionsreichste Fest: Das Vogelschießen mit dem Aufmarsch der Schützen (links)

Das jüngste Fest: Sambafestival (rechts)

The most traditional festival: the Bird Shoot with the Marksmen's Parade (left)

The youngest festival: the Samba Festival (right)

La fête la plus riche en tradition: la tir aux oiseaux avec ici l'entrée des tireurs (à gauche)

La fête la plus récente: le festival de samba (à droite)

Wenn die Seifenkisten einmal im Jahr an den Start gehen, verwandelt sich die Mohrenstraße in eine Rennstrecke

When the soapboxes line up once a year for the start, Mohrenstrasse is transformed into a raceway

Quand les caisses à savon prennent le départ une fois l'an, la Mohrenstrasse se transforme en piste de course

Das Münzmeisterhaus aus dem 14. Jahrhundert ist der älteste Fachwerkbau Coburgs

The House of the Masters of the Mint, from the 14th century, is the oldest half-timber building in Coburg

La maison des maîtres-monnayeurs du 14e siècle est la maison à colombage la plus ancienne de Coburg

Vollendete Holzornamentik –
die Hahnmühle

Wooden decoration to
perfection – the Hahn Mill

Une ornementation en bois
parfaite – le moulin
Hahnmühle

Der Stolz der Coburger, ihr Landestheater, ist eine Hinterlassenschaft der Herzöge

The pride of the Coburgers, their State Theater, is a legacy of the dukes

Le théâtre, fierté des habitants de Cobourg est un héritage des ducs

Landestheater

State Theater

Le théâtre

Zwei Beispiele aus der Fülle von Jugendstilhäusern. An der Itzbrücke steht das Haus Mohrenstraße 9

Two examples from the wealth of houses in the style of Art nouveau. The house at no. 9 Mohrenstrasse is by the Itz Bridge

Deux exemples parmi la multitude de maisons de style 1900. Au pont de l'Itz se trouve la maison Mohrenstrasse 9

Florale Motive dominieren bei der »Sonnenburg«, Alexandrinenstraße 4.

Floral motifs dominate in the "Sun Castle" at Alexandrinenstrasse no. 4

Les motifs floraux dominent dans la maison «Sonnenburg» située au n° 4 de la Alexandrinenstrasse

Der Abriß eines Jugendstilbades im Jahre 1977 ließ ein Rumpfgebäude übrig, den »Portikusbau«. An das Bad erinnert auch noch die Büste der Herzogin Alexandrine, die es für die Bevölkerung bauen ließ.

When a bathhouse in Art-nouveau style was torn down in 1977, part of it was left standing, the "Porticus Building". The bust of Duchess Alexandrine also calls the bathhouse to mind, as she had it built for the populace

La démolition d'un bain de style 1900 fit apparaître la carcasse d'un bâtiment le «Portikusbau». Le buste de la duchesse Alexandrine est un dernier vestige de ce bain qu'elle fit construire

SAUNA

Schloß Ahorn, ein malerischer ehemaliger Herrensitz vor den Toren der Stadt

Ahorn Palace, located just outside the town, is a picturesque former ducal residence

Le Château Ahorn est un ancien manoir pittoresque situé aux portes de la ville

Mengele
Mengele
Günzburg

In der alten Schäferei bei
Ahorn wurde 1971 ein Geräte-
museum eingerichtet

In the old Sheepherding estate
near Ahorn a Rustic Museum
was established in 1971

L'ancienne bergerie d'Ahorn
abrite un musée d'outils
depuis 1971

1805 erwarb Herzog Ernst I. Schloß Rosenau bei Rödental. Er ließ es im neugotischen Stil umbauen. Hier verlebte Albert, der Prinzgemahl der englischen Königin Victoria, seine Kindheit

In 1805 Duke Ernst I acquired Rosenau Palace near Rödental. He had it rebuilt in the neo-Gothic style. Here Albert, the Prince Consort of Queen Victoria, had his childhood

En 1805 le duc Ernst 1er acheta la Château Rosenau près de Rödental. Il lui fit donner un style neo-gothique. C'est ici que le prince Albert, l'époux royal de la reine Victoria d'Angleterre, passa son enfance

Die Fürstliche Säc
Der Statt
Der Rügeners